Sintiendo en verso
2º edición

La primera versión de este poemario fue publicada en el año 2019 y el poema mas antiguo incluido en la obra es "Al mar" una de las pocas rimas que fueron tituladas y que fue escrito en el año 2009 cuando la autora tenía quince años.

A Margarita, por ser magnifica como madre,
como guía y como ser humano.

A Emmanuel, por ser un maravilloso compañero,
apoyo y motivo de inspiración.

Para Margarita

De todos los paisajes,
bosques, montañas y valles.
De gemas y piedras preciosas,
del alegre trinar de las aves,
del trueno el rugido magno
y del viento airado en las tormentas.
De las flores dulce aroma en primavera,
de la magnificencia en la aurora boreal,
del cisne en el lago la delicadeza
y la inmensidad del mar.
De la selva la vida libre,
la magia del cenote
la elegancia del faisán.
De la lluvia transparencia en las gotas
y la exuberancia de un volcán.
Del creador todas las obras
de todas, las mas virtuosas,
Hizo de tu alma, madre,
de todas la más hermosa.

Sin nombre I

Que sería de mí,
si tu risa bailarina
se alejara de mi vivir.

Quería de mis días
sin tu oído agudo
capturando mi sentir.

Que sería de mí,
sin tu abrazo maternal
esperando mi llegada.

Sin tu tierna mirada
acariciándome el alma.
Que serían los sonidos del día
sin las bellas notas de tu voz.

Y los días tristes de mi existencia
¿Quién los alejaría por algo mejor?
¿Quién, con palabras de experiencia
me entregaría fervor?

¿Que sería de mi vida
sin ver tus ojos llenos de amor?
¿Y quién me apagaría el miedo
con la fuerza de su valor?

¿Quién, quién podría si no vos?

Para Emmanuel

Escribiré un poema
que cuente nuestro amor.
¡Oh! Y al llegar el silencio,
al volvernos recuerdos
del tiempo que miramos,
vivirá el poema. Chispa escondida.
Será la historia al pasar los años
que leeremos en cada vida.
Y cada verso del tiempo en amarnos,
será eterno, eterno hasta encontrarnos.

Como granos de café

La vida mía como el café cargado...
he siempre de tomarlo solo, fuerte;
ausencia de azúcar, amargo
que hace dulce mi inconsciencia.

Sin nombre II

Volando sin alas voy,
con tangos imbailables,
lisiada del corazón.
¡Vaya! Que insípido el café hoy.

Y el piano lento que habla.
Que bello abrir una cicatriz.
No existe mi vida
no soñando con París.
¡Baila! Grita el alma
¡Baila! Añora y canta
¡Baila! Grita y calla
¡Baila!, Y los pies fallan.

¿Volar? Susurra la herida,
¡Las lágrimas sabrán!
Si de la torre caen ahora
¡Oh felices en libertad!

Vacías, huecas pesadas van,
pues la mente soñando está
con París brillando lejos,
con tangos poder bailar.

Y el centro tan cruel del cuerpo,
y la volátil vid del pensamiento,
y el deseo exigente, estancado,
y la verdad gastando tiempo...

Y el camino, infinito y claro...
que imposible vivir fallando.
Y el silencio muere suspirando,
nuevamente se ve viajando.

Que lejano el sonido,
y la vista, que nublada.
que perdida mi alma,
y el mundo...
que ajeno me es el mundo.

Sin parís.
Sin poder bailar.
¡Vaya! Que insípido el café hoy.
Que insípido cargado sabor.

Sin nombre III

He perdido una parte del sentido,
me descubrí bebiendo el café frío.
Si nada importa en esta vida bruta,
ni esfuerzos ni lealtades,
ni mentiras ni verdades...
Ni la mirada osada,
ni la palabra dada.
Si en esta lucha de poderes
el que no juega muere
y a veces el que gana
sin saberlo pierde.
Si no existe la razón sin condición.
Tan triste es levantarse vacío,
sin libertad de alma, sin apreciación.
¡Cuánta banalidad exhala el sonido
de las bocas en el camino!
Y nadie las oye, solo las siguen,
las siguen y se unen.
Si se enaltece a lo pequeño
y a lo grande toman por reducido.

En este mundo sediento de verdad,
nadie parece goza de voluntad,
nadie entiende, ni cambia su realidad.
Y yo, me temo he perdido valor,
me hago ciega a la fatalidad...
Poco me importa, frío o calor,
poco me importa avanzar.
Si hoy muerta desperté al mundo,
¿Qué mas da un avanzar sombrío?
Qué mas da tener un sentido...
si hoy muerta desperté al mundo
y el café me he tomado frío.

Al mar

Si a las olas del mar
pudieran un rumbo dar,
incambiante y exacto
que debieran tomar...

Perderían ese encanto
del que gozan al nacer,
de inquietas seguir al viento
hasta donde deban perecer...

Pues escrito está en su destino,
inevitable, volverán a nacer,
y teniendo el mismo camino...
¿Qué sentido tendría volver?

Sin nombre IV

Brillo divino entre danzantes musas,
entre frío salino y música del mar,
vista exquisita,
ojos mortales afortunados por mirar,
imagen para dioses,
vida y muerte en un instante...
vida y muerte en un lugar.

Sin nombre V

Se tiñen las primeras nubes,
lila, rosa y amarillo,
aun la luna presente
aguarda engalanada, alta, reluciente.
Ojo entrecerrado persiguiendo el este
anuncia la bulla del mar alborotado
y las aves se apresuran al encuentro del naciente,
tintes que cambian, pintura hirviendo...
Se ha alzado y se han mirado,
El sol brilla y la luna desaparece.

Sin nombre VI

Hombres del mar,
abrazan a la vida
y encuentran su partida
entre flores de espuma y sal.
Vienen del murmullo en la brisa,
huellas en la arena
olas que van,
son las voces que al ocaso
cantan libres al marchar.
Se hacen caricias al viento,
son el sol que se pone anunciando mudo
que todo ha de terminar.
¿Entiende acaso el humano del precio
que el mar reclama cruel y feroz?

vienen con la marea
y a la marea van,
Y a veces en sus brazos duermen
entregándose a su inmensidad,
porque la vida se hunde en oscuridad
si vivos andan en la tierra
incapaces de a las olas regresar.

Vuela alto el lamento de una viuda
y no tan alto como el llamado por navegar.
Porque nada existe más fuerte,
ni la amada, ni la muerte...
cuando el hombre, pertenece al mar.

Inspiración

¡Oh! Pequeño Ventolín,
dulce brisa de mi inspiración,
has pasado junto a mi
devolviendo mi respiración.

Sin nombre VII

Dulce silencio
que deja pensar...
acércate despacio,
tráeme tranquilidad.

Sin nombre VIII

Cierta noche
imaginé volar;
me sentí libre,
pude soñar.

Sin nombre IX

Si las risas las trae el viento...
y se las lleva sin remordimineto
¿Por qué el viento no se lleva
también este ruin sentimiento?

Sin nombre X

Que la fortuna le sonría
al humano creyente de lo que mira,
porque fortuna es consuelo poco
de quien repudia lo que no admira.
Y que la magia sea buen bono
de aquel que con creer se inspira
porque el que no abraza un dogma,
entiende la vida y crece con lo que ignora.

Del amor

Que brille la mirada,
y que baile la palabra.
Que vuele la esperanza
y de calor rebose el alma.
Y la risa que se asoma
Tan discreta y halagada,
sea correspondencia
del amado a quien le ama.

Sin nombre XI

Buscaba ese nombre en mis suspiros,
en el brote del llanto, en una canción.
Añoraba ser de su palabra una mención...
Quería ser un abrazo naciente de su pasión.

Sin nombre XII

Dejemos de pensar.
Seamos estela del viento,
simples seguidores del soñar.
Dejemos a un lado el tiempo
tomemos lento nuestro amar,
seamos todo, acto y momento.
Olvidemos que cerca espera el final.

Sin nombre XIII

No se puede engañar
a quien sabe de llorar.
Si la verdad impera para actuar,
acaso mentiras vanas
se pueden ocultar.
Pero nunca, nunca la gran verdad.
Habla, porque alma de mi alma
yo sé bien del miedo a la sinceridad,
del llanto que se oculta,

Por miedo de al amado lastimar,
bien entiendo, lo difícil de continuar
cuando el destino determina
que desdichado eres para avanzar.
Bien lo sé, y en ti miré tal llanto...
En tus pupilas he notado
la tristeza del mirar
y el tono fuego de tus ojos
me han confesado tu llorar.
¿Por qué ocultarme con falsa risa
que el desespero absorbe tu felicidad?
Si juntos vamos a la dicha,
a lo extraño y a la adversidad.
No me excluyas de tu miedo
no entristezcas en secreto
ni te escondas en temeridad.
Si contigo estuve en la claridad,
de la mano iremos en la temible oscuridad.

Sin nombre XIV

Rayos del atardecer
brillo que embellece
lo que ojo toca
lo que el alma ve.

Brisa tibia que acaricia
el vulnerable beso
indeciso y lento
que al labio eriza.

Mirada tímida que vuela
al bello iris que la observa,
anunciando el seguido acto
de miedo y amor en tacto.

Dulce encuentro
de dos almas en aliento,
desembocando el latido en pecho
en un solo y perfecto beso.

Sin nombre XV

¿Cómo, oh dulce agonía,
puede un simple crisol
acercarse a reluciente oro,
tal grandeza que en él se funde?

Si viérase cual simple envase,
vacía dureza sin comparable valor,
que ante hermosa figura, metal precioso,
la mano del hombre se hace seguidor.
Si lleva el desdichado objeto
grabado en todo su cruel calor
que indispensable es para orfebre labrador,
pero es opaco su color...
incomparable con aquel fulgor.

¿Como oh dulce agonía,
no muere amando el crisol,
a la mano vil
que a diario al beso mortal
de las llamas lo somete?

Si en manos amadas
de importancia el crisol carece
por nunca alcanzar el deseo
que en pensamiento
provoca oro ajeno.

¿Cómo oh dulce agonía,
a la grandeza del metal precioso,
oro perfecto, sueño imposible
físico bello que no pertenece,
puede soñar siquiera
con parecerse ese imbécil crisol?

El sentir oscuro

Que la ira se desate
sin enganche ni contención.
Que el durmiente fénix se levante
con el intenso fuego de su pasión.
Que las pupilas brillen cual diamante
y el labio se tuerza sonriente...
Y el alma observe regocijante
la dulce forma de transformación
de ahora tormento ascendente,
a quien antes gozó con traición.

Sin nombre XVI

Y todo resultará desastre...
cual exaltada furia de titanes;
las olas en mi alma hundirán mi todo,
airada tempestad, mar desatado.
Mis ojos abrirán el tiempo
Y en mi mente buscarán mis restos...
Mis palabra perderán el habla
y nonatas morirán.
Mis respiro, alentará el paso...
se escapará en un último suspiro;
y presa de la ira, víctima del llanto...
desataré mis alas... me uniré al viento.

Sin nombre XVII

¡Imposible!
Imposible ayudar al necio
que se encierra entre los lindes
de alta ola que es mi desprecio.

Imposible controlar la ira recia
que desata con su acto el hombre,
imposible que mi labio sonría
si mi alma, con desdén se cubre.

Sin nombre XVIII

Vieja herida que reabre,
Sangrado cardial que avanza
con el dolor inmenso que precede,
al éxtasis de una venhanza.

Sin nombre XIX

Me duele el alma...
siempre y sin razón.
Obtengo y pierdo la calma
sin ninguna explicación.

En ocasiones noto,
muy dentro llevo frialdad,
hay veneno que se mueve solo,
imposible de controlar.

Me llegan, vagas ideas de maldad...
lo niego, lo escondo,
pero a ratos descubro...
en mí, hay oscuridad.

Lo que creímos amor

Partiremos del otro,
para olvidar cada acto hiriente,
lo haremos para crecer.
Partiremos del otro,
Para olvidar que no fuimos suficiente,
Ni yo para tu cuerpo
Ni tu para mi ser.

Sin nombre XX

No existe el silencio de pensamiento,
si el sonido muere, la mirada habla.
No se puede estar cegado al sentimiento...
Cuando se calla, los gritos huyen al alma.

¡Oh! si tu pupila hablara
cuando jugamos a la omisión,
¿Diría lo mismo que tus labios
cuando mi llanto brotara?
Si tu pupila hablara,
hablaría de una traición.

Pero es callada la verdad en las miradas,
y las cosas que no decimos
en ellas con dolor escapan...

No existe el silencio de pensamiento,
si el sonido muere, la mirada habla.
Y la tuya cuenta un carnal secreto,
y la mía... la mía callada mata.

Sin nombre XXI

La hora ha llegado, amor.
Por una vez actuar con valor.
Es hora de olvidarnos,
es hora de un adiós.

Si alguna vez supimos
de buena forma hallarnos,
buena forma de alejarnos
podemos hallar hoy.

Olvidemos el intento de amarnos.
Dejemos la vida en calma...
Seamos libres de perdernos.
Seamos libres, de no ser quien ama

Sin nombre XXII

Expuesta va mi alma,
rostro abierto de la flor grácil y hermosa,
carne viva, doliente... sangrante.
Deseo de una muerte pronta piadosa.
¿Es matar privar de la vida
sin impedir el latido,
sin faltar el respiro?
Pues respiro ya sin vida
en ese abismo del recuerdo amado con pureza
que ensució su avance
y se desvió al demembre
de ilusas fantasías...

Brota incansable y basto
desde la sima de un recuerdo
el transparente rocío,
maná que jamas se agota
cae y me ahoga en su río,
fondo frío, corriente inevitable,
ayer teatro de amor y caricias,
y hoy por llanto se fingen risas.

Sin nombre XXIII

Fuera una vez este sitio,
un espacio que tu presencia abrazó...
un lugar que tu recuerdo guardó.
Fuera, lo que no es hoy.

Fue el destino de la mirada mía
deseosa de encontrarte ahí,
tiempo sin prisa por seguir...
espacio ocupado que dejaste morir.

Fuera ese sitio tuyo,
tuyo como hoja falsa en el estío.
Llevaba tu nombre como un suspiro
que cantaba en el viento con tu voz.
Y hoy no es más, que un simple lugar vacío.

Sin nombre XXIV

¿Recordáis aquella aurora?
¿La frescura mañanera
y el silencio ahogando nuestros pasos?
¿Recordáis la palabra austera,
filo que tu boca sin compasión liberó?
¿Recordáis entre vos y yo,
quien dio muerte y quien murió?
No... Claro que no.

Sin nombre XXV

Si la gente pregunta,
miente, miente bien.
Comenta que en mi pena
para consuelo, estuviste ahí,
y al llegar mi hora buena
te ignoré, te ofendí.
Menciona mi desprecio,
que fuiste un juego,
di que mentí...

Si la gente pregunta,
miente, miente bien.
Habla del llanto
que por cruel causé,
de mi incoherencia
y actitud confusa,
llámate el santo
al que por querer dañé.
Vamos, di lo que fui.

Si la gente pregunta,
miente, miente bien.
Que sepa lo que se cuenta
de mí, y de ti también.
Quiero saber si recuerdas,
quiero saber si comentas
en mi nombre lo que tu acto fue.
Quiero saber si siempre,
Siempre mientes tan bien.
Si la gente pregunta...
Haz lo tuyo, lo de siempre.
Y miente, miente bien.

Sin nombre XXVI

Ignorando vamos corazón,
que siempre nos odiamos
creyendo amarnos sin razón.

Negando andamos,
que somos dos almas solas
cambiando vacío por pasión.

Creyendo en un "seremos"
postergamos largas horas,
las volvimos años
y les dimos falsa dirección,
pero juntos perdidos vamos
a sabiendas de la solución.

Ignorando vamos sin amarnos...
que juntos caminamos
pero es solos cuando avanzamos.
Que esperamos y esperamos,
en un camino encontrarnos
gustosos de negarnos
que caminos, hay dos.

Sin nombre XXVII

Mi alma se te presenta
en cada profunda mirada...
si estoy callada,
es porque ella habla.

Sin nombre XXVIII

¿En dónde está mi llorar?
Quizá no exista ya,
puede mis lágrimas yacen
en lo más profundo del pesar;
quizá se extinguió el llanto,
ahí, en el pasado tiempo.
¿Gastóse el agua de mi llanto
en cada noche que lo vi brotar?

Sin nombre XXIX

Cerré los ojos para no mirar
y el alma para no sentir,
apagué las horas para no avanzar
y el sonido para no mentir.
Me escondí en silencio
solitario, extenso.
y perdida en el oscuro cielo
la tormenta airada elegí seguir.

Gritos en lo alto y luz,
luz imponente y mortal,
llanto llano y veloz...
ruido que canta sin voz,
destello que roba el latido al corazón
ahí voy...
al oscuro horizonte
vestido con rayos voy.

Sin nombre XXX

Huir de todo quiero.
Alejarme del mundo
de la gente y sus saludos
de la vida, del pensar.
Olvidarme del agobio
de los miedos, del amar...
Quiero hundirme en la lejanía
del suelo desconocido,
en la paz de la soledad dormida.
Huir del bullicio en la ciudad,
levantarme, dejar todo atrás;
quiero dejarlo todo
bueno y malo por igual,
quiero ser hoja al viento.
Y huir, simplemente huir...
Huir hasta olvidar.

Sin nombre XXXI

Mírame con ojos vacíos,
háblame sin emitir sonido.
Mata uno a uno mis sentidos
y agrega dirección a mis pasos sin camino.
Escucha con oídos sordos,
cúbreme, que traen desnudez mis miedos.
Dame vida… porque morir es mi talento.

Sin nombre XXXII

Al vacío he de partir,
al silencio eterno y helado
sin anhelos para perseguir.
Marcharé sin rumbo;
sin risa ni llanto,
sin duda y con pies descalzos.
Dejaré el sentido, a un lado en el camino,
y con él, el dolo y la felicidad,
y al final del recorrido
seré una imagen del pasado,
sólo, un recuerdo en libertad.

Sin nombre XXXIII

Muero cada día un poco,
vacío que se expande sin cansancio
consumiendo el alma, en silencio.
Muerte segura de paso aletargado.
Soy presa que espera tranquila,
soñadora del final cercano
dulce y sensual momento ansiado.
Pronto, pronto, cerraré los ojos
y los labios de la eternidad me besarán,
y a la llegada del alba el llanto,
la pena, el aliento... mi vida cesará.

Existir

Asesina es la consciencia,
tiene frialdad por habla.
A quien por oro mata,
el mismo brillo le da sentencia.

Sin nombre XXXIV

Pudiera mil mundos crear,
donde las palabras
no bastasen para expresar,
donde los sueños
se hicieran realidad,
y los sentimientos
tuvieran un lugar.
Pudiera mil mundos crear,
tan bellos y amplios
como lo es el mar,
sin ataduras ni muros
que detengan el avanzar,
tan cerca o lejanos,
no me importa el lugar.
Pudiera mil mundos crear,
y en ellos hallar tranquilidad,
donde las puertas se abrieran de par en par
y lo perdido, encontrara su lugar.
pudiera...
mil mundos crear,
y así olvidarme de despertar.

Sin nombre XXXV

Se ha perdido la loca.
En su lejano mundo
es reina su mirada triunfal.

Se ha reído la loca.
En su alejada mente
todo, todo es felicidad.

Su alimento es el sol naciente,
su cobijo la luna entre la oscuridad,
y es la risa amplia, sincera y clara
lo único que le pertenece.

¡Cuidado con la loca!
Grita en su andar la gente,
¡Cuidado con la loca!
Y ella avanza sonriente.

Ha olvidado como hablar,
la loca del mundo diferente,
la mujer que siempre mira
con locura la verdad...

Se ha perdido la loca,
en su mundo la vida expira
cada día al despertar.

Se ha reído la loca
porque nada nada posee
en esta selva material.

¡Cuidado con la loca!
grita quien solo vive por respirar.
¡Cuidado con la loca!
Grita el que cotiza su voluntad.

Y la loca que en locura va
no se inmuta, ni le importa
porque siempre en su mundo está.
viviendo sin pesares en su reino de felicidad.

Se mira a veces la loca
en los charcos del camino,
y en su rostro enflaquecido,
ella encuentra libertad.

www.ingramcontent.com/pod-product-compliance
Lightning Source LLC
Chambersburg PA
CBHW030517220526
45464CB00006B/2843